中国文化经典基础教育诵本

易经

吴小晴　主编

黄河出版传媒集团
阳　光　出　版　社

图书在版编目（CIP）数据

易经 / 吴小晴主编. -- 银川：阳光出版社，
2016.8（2020.12重印）
（中国文化经典基础教育诵本）
ISBN 978-7-5525-2969-2

Ⅰ.①易… Ⅱ.①吴… Ⅲ.①《周易》–少儿读物
Ⅳ.①B221-49

中国版本图书馆CIP数据核字(2016)第220131号

中国文化经典基础教育诵本　易经　　吴小晴　主编

责任编辑　贾　莉
封面设计　民谐文化
责任印制　岳建宁

黄河出版传媒集团
阳　光　出　版　社　出版发行

出 版 人　薛文斌
地　　址　宁夏银川市北京东路139号出版大厦（750001）
网　　址　http://www.ygchbs.com
网上书店　http://www.shop129132959.taobao.com
电子信箱　yangguangchubanshe@163.com
邮购电话　0951-5047283
经　　销　全国新华书店
印刷装订　河北燕龙印刷有限公司
印刷委托书号　（宁）0019199

开　　本　710 mm × 1000 mm　1/16
印　　张　8
字　　数　96千字
版　　次　2016年11月第1版
印　　次　2021年1月第2次印刷
书　　号　ISBN 978-7-5525-2969-2
定　　价　24.00元

编者的话

古往今来，绵延五千年的中华文化，一直滋养着生生不息的华夏民族，多少仁人志士，在国学经典的引导激励下，谱写了一曲曲慷慨激昂的壮丽篇章。那些饱含圣贤宗师心血的经、史、子、集，历经发展和丰富，融入了中华民族的血脉，铸就了中华民族的脊梁，毋庸置疑地成为宝贵的文化遗产、浓缩的至理名言、永恒的精神食粮、深奥的智慧结晶。

这些国学经典，字字珠玑，篇篇隽秀。其中哲言警句、诗词寓言、成语典故、道德伦理、人文史话、风俗礼仪等无所不有。在全社会开展社会主义"八荣八耻"荣辱观教育的今天，在各学校努力培养德、智、体、美、劳复合型人才的同时，让学生捧读国学经典，和圣贤"对话"，与古人"沟通"，树立"天下为公"的理念，培育"爱我中华"的情衷，无疑具有深刻的现实意义和历史意义。

为此，我们精心汇编了易读、易记、易学、易用的国学启蒙教育丛书——《中国文化经典基础教育诵本》，共有《论语》《孟子》《尚书》《大学》《中庸》《礼记》《孝经》《诗经》《易经》《春秋左氏传》《三字经》《千字文》《弟子规》《增广贤文》《笠翁对韵》《幼学琼林》《唐诗精选》《宋词精选》十八册，旨在使少年儿童自幼养成仁慈博爱、乐施行善、孝亲敬师、包容宽厚、诚实守信、自强进取、好学勤劳、谦虚谨慎的传统美德。

另外，我们针对少年儿童心理、生理、能力、智力的特点，分别设立了“快乐诵”“注译窗”“博学角”“智多星”“七彩板”五个版块。并以其译文精确、故事贴切、图文并茂、寓意深刻等特色，极大地满足并迎合了少年儿童学以致用、模仿互动的需要。

亲爱的小读者：当你们看到“启明星”早早地在天边迎接太阳冉冉升起的时候，一定会明白我们编写这套丛书的初衷。但愿这颗“启明星”能与你们相随相伴、相融相通，帮助你们实现高品位、高质量的美好人生。

目录

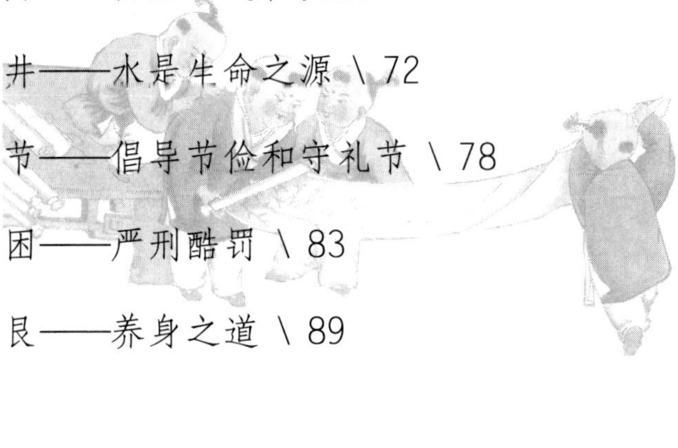

易经

比——团结的学问

快乐诵

（坤下坎上）䷇

比[1]：吉。原筮[2]元永贞，无咎。不宁方[3]来，后夫[4]凶。

初六：有孚比[5]之，无咎。有孚盈缶[6]，终来有它[7]，吉。

六二：比之自内[8]，贞吉。

六三：比之匪人[9]。

六四：外[10]比之，贞吉。

九五：显[11]比，王用三驱[12]，失前禽。邑人不诫[13]，吉。

上六：比之无首[14]，凶。

注译窗

看看下面的译文，你就知道它是什么意思了！

①比是本卦标题。比的本义是亲密，在本卦中为一词多义。由于“比”字多次出现，本卦用它来作标题。全卦的内容主要讲交往和团结。

②原筮：再筮，指三人同时再占问。

③不宁方：不安宁的邦国，不愿臣服的邦国。

④后夫：迟到的诸侯。

⑤比：亲近、安抚。

⑥缶：瓦盆。盈缶：用瓦盆装满酒饭。

⑦终来：即使。有它：有变故、有意外。

⑧比：团结一致。自内：自己内部。

⑨比：结党营私。匪人：不正派的人。

⑩外：外部，外国。

⑪显：外，这里表示广泛。

⑫王用三驱：君王打猎时让卫队从左右后三面把猎物驱赶到中间以便射猎。

⑬诫：用作“骇”，惊吓。

⑭比：互相倾轧。无首：没有头脑，指没有核

心。

比卦：吉利。三人同时再占问，占问长久吉凶，没有灾祸。不愿服从的邦国来了，迟迟不来的诸侯要受罚。

初六：抓到俘虏，安抚他们。没有灾祸。抓到俘虏，装满酒饭款待他们。即使有变故，结果吉利。

六二：自己内部团结一致，贞兆吉利。

六三：与不正派的人结党营私。

六四：与外国结盟亲善，贞兆吉利。

九五：广泛亲善。君王打猎时三面包围，只留一面让猎物逃走。邑中百姓毫不惊骇，吉利。上六：小人互相倾轧，不能团结一心，凶兆。

博学角

团结的故事

在很早很早以前，地面上有那么一块很小的陆地，上面居住着很多很多蚂蚁。

突然有一天，一场突来的水患袭击了这里。

其实一直以来蚂蚁是不会游泳的，也许就是因为这个原因，老天对蚂蚁多了一分爱护，让它对雨水有了特别的敏感度。所以只要天将降大雨，蚂蚁都会提前感觉到，并做好应急措施，所以有的时候，我们会看到蚂蚁大家族浩浩荡荡的搬家阵势。

但是这一次蚂蚁家族却没有办法预先知道，以为这一次是因为一家需要浇灌，他们挖开了菜园子里的沟渠，大水直接冲进了蚂蚁的家。

蚂蚁集体爬出了家，开始手忙脚乱。但是没过一会，蚂蚁变的开始有秩序了，它们聚拢，聚拢，再聚拢，形成了一个很大很大的蚂蚁团。

当水完全注满蚁窝时，蚂蚁团已经漂在水面上了，随着微风轻轻地吹拂，蚂蚁团在水面上向前滚动。

没过一会，蚂蚁群就到达了陆地，在滚动过程中，没有一只蚂蚁松懈，离开集体。在到达地面后，蚂蚁团分散开，最外面的几层都已经是蚂蚁的尸体，可是在里面的蚂蚁却安然无恙。

登陆后，蚂蚁们兴奋地再次组成队伍，开始建立它们新的家园。团结，这就是最好的事例。

后来越来越多的人知道了蚂蚁搬迁的故事并讲给子孙听，临了总要说一句："团结啊！"

子孙再把蚂蚁的壮举讲给他们的子孙，临了也总要说："这就是团结啊！"

蚂蚁的故事就这样流传下来，一代只是叮嘱下一代："一定要记住团结啊！"

智多星

读一读

爱人以德 助人为乐 忠信乐易 雪中送炭

奔走之友 不分彼此 同心协力 称兄道弟

道义之交 肝胆相照 金兰之友 仁义道德

亲爱的读者们，你知道这些成语的含义吗？留言板为你准备了足够的空间，请把你知道的写在那里。

七彩板

试一试：智多星里的成语含义你都知道吗？挑选几个，谈谈你的理解和认识。

履——君子坦荡荡

快乐诵

（兑下乾上）䷉

履[1]：履虎尾，不咥[2]人。亨利贞。

初九：素履[3]，往无咎。

九二：履道坦坦[4]，幽人[5]贞吉。

六三：眇[6]能视，跛能履。履虎尾，咥人凶。武人为于大君[7]。

九四：履虎尾，愬愬[8]终吉。

九五：夬履[9]，贞厉。

上九：视履[10]，考祥其旋[11]，元吉。

看看下面的译文，你就知道它是什么意思了！

①本卦标题是履。原经文卦象后无“履”字。履的意思是踩踏，引伸为行为和行为准则。由于“履”字在本卦中出现次数多，所以用它作为标题。全卦内容主要讲人的行为修养。

②咥：咬。

③素：洁白，引伸为纯洁。素履：行为清正纯洁。

④履道：这里指人的行为修养。坦坦：宽广坦荡。

⑤幽人：被监禁的人。

⑥眇：一只眼睛小。

⑦大君：国君。

⑧愬愬：恐惧的样子。

⑨夬：“快”的本字，意思是快速。夬履：行为莽撞急躁。

⑩视：察看，审视。视履：行为审慎。

⑪考祥：全面仔细地考虑。旋：反复。

易经

履卦：踩到老虎尾巴，老虎不咬人。吉利亨通。

初九：行为清正纯洁，如此下去，没有灾祸。

九二：为人处世胸怀坦荡，即使无故蒙冤也会有吉祥的征兆。

六三：眼睛不好却能看，跛了脚却能走路。踩到老虎尾巴，老虎咬人，征兆凶险。军人掌握政权成为国君，也是凶兆。

九四：踩到老虎尾巴，让人害怕，但结果还是吉利。

九五：行为莽撞急躁，占问得到不利之兆。

上九：行为小心谨慎，反复仔细考虑，大吉大利。

博学角

清正考官——欧阳修

宋仁宗在位时，有一年朝廷组织试选举，监考官是欧阳修。

那一年是天圣十九年，当时有很多考生都希望欧阳修能够高抬贵手，放他们一马，所以很多人都拿礼品到欧阳修家登门求见，却都被欧阳修严厉地拒之门外。

一天，朝廷一大臣的公子提着厚礼来拜见欧阳修，请求他笔下留情，希望自己可以高中，但当场遭到欧阳修的拒绝。

欧阳修气愤地说："叫我徇私舞弊，妄想！"说完，将礼物掷出门外。这位公子讨了个没趣，灰溜溜地走了。

事后，欧阳修的夫人杨氏胆怯地说："那公子的父亲是朝廷命官，又高居一品，咱们可得罪不起呀！"欧阳修愤慨地说："怕什么，大不了丢了乌纱帽。做不了官，就回老家去，但是宁死也不能做对不起良心的事情。"

丈夫的刚正气节使杨氏感动，她深情地望着丈夫，既赞许又担心。

智多星

读一读，学一学

三军可夺帅也，匹夫不可夺志也。

——《论语·子罕》

志士仁人，无求生以害仁，有杀身以成仁。

——《论语·卫灵公》

不降其志，不辱其身。

——《论语·微子》

富贵不能淫，贫贱不能移，威武不能屈。

——《孟子·滕文公下》

穷则独善其身，达则兼善天下。

——《孟子·尽心上》

不为穷变节，不为贱易志。

——桓宽《盐铁论·地广》

七彩板

想一想，说一说：

小读者，你知道何为“君子坦荡荡”了吗？说说看，并举一个例子，讲给同学们！

大有——民以食为天

快乐诵

（乾下离上）☲☰

大有[①]：元亨。

初九：无交害[②]。匪咎，艰[③]则无咎。

九二：大车以载。有攸往，无咎。

九三：公[④]用亨于天子。小人弗克。

九四：匪[⑤]其彭。无咎

六五：厥孚交如威如[⑥]。吉。

上九：自天佑之。吉，无不利。

注译窗

看看下面的译文，你就知道它是什么意思了！

①大有是本卦标题。有的意思是丰收，大有就是大丰收。全卦的内容同农业丰收有关。

②交害：互相侵害。

③艰：天旱，旱灾。

④公：指众大臣。亨：同“享”，意思是宴会。

⑤匪：用作“昲”，意思是用太阳晒。彭：用作“尪”，意思是跛足的男巫。

⑥厥：其。孚：俘虏。交：同“绞”，这里指捆绑。交如：捆绑得很紧的样子。威如：气势汹汹的样子。

大有卦：大亨大通。

初九：不要互相侵害，没有灾祸。即使天旱，也没有灾祸。

九二：大车大车的装载收成。有所往，没有灾祸

九三：天子设宴款待群臣，庆祝丰收，小人不能参与。

九四：用太阳晒男巫以求雨。没有灾祸。

六五：把抓到的俘虏紧紧捆住，但还是气势汹汹，不肯屈服。吉利。

上九：上天保佑，吉利，没有不吉利

博学角

涌泉跃鲤

姜诗，东汉四川广汉人，娶庞氏为妻。

夫妻孝顺，其家距长江六七里之遥，庞氏常到江边取婆婆喜喝的长江水。婆婆爱吃鱼，夫妻俩就常做鱼给她吃，婆婆不愿意独自吃，他们又请来邻居老婆婆一起吃。

一次因风大，庞氏取水晚归，姜诗怀疑她怠慢母亲，将她逐出家门。庞氏寄居在邻居家中，昼夜辛勤纺纱织布，将积蓄所得托邻居送回家中孝敬婆婆。

其后，婆婆知道了庞氏被逐之事，令姜诗将其请回。庞氏回家这天，院中忽然喷涌出泉水，口味与长江水相同，每天还有两条鲤鱼跃出。

从此，庞氏便用这些供奉婆婆，不必远走江边了。

智多星

看一看，学一学

成语名称：民以食为天

成语释义：天，比喻赖以生存的最重要的东西。人民以粮食为自己生活所系，指粮食的重要。

成语出处：《汉书·郦食其传》：“王者以民为天，而民以食为天。”

成语示例：国以民为本，民以食为天。

七彩板

试一试：读了这段话你明白了什么？你能用民以食为天造个句子吗，讲给你的好朋友听！

豫——三思而后行

快乐诵

（坤下震上）䷏

豫[1]：利建侯，行师。

初六：鸣[2]豫，凶。

六二：介[3]于石，不终日，贞吉。

六三：盱[4]豫悔，迟有悔。

九四：由豫[5]，大有得[6]。勿疑，朋盍簪[7]。

六五：贞疾，恒不死。

上六：冥[8]豫，成有渝[9]，无咎。

看看下面的译文，你就知道它是什么意思了！

①豫是本卦标题。豫的意思是犹豫、疑虑和预计、熟虑。全卦内容主要讲人的思想行为。豫既是多见词，又与内容有关，所以用它来作标题。

②鸣：用作“明”，意思是明亮，这里指白天。

③介：夹。

④盱：缓慢。

⑤由豫：即犹豫。

⑥得：得到朋贝（货币）。

⑦盍：合。簪：古时盘头发的一种头饰。朋盍簪：用朋贝作成簪笄。

⑧冥：晚上。

⑨渝：变故。

豫卦：有利于封侯建国，出兵作战。

初六：白天做事犹豫不决，凶险。

六二：夹在了石缝中不到一天被救出来，占得吉兆。

六三：思想迟钝糊涂足以让人后悔；行动缓慢

不定，更使人后悔莫及。

九四：经商先犹豫不决，反复考虑觉得会有大收获，便不再疑虑。后来把得到的朋贝制成头饰。

六五：占问疾病，会痊愈并长久不死。

上六：晚上反复考虑，事情是成功还是有变故，结果没有变故。

博学角

伯启自我反省

夏朝的时候，有扈氏率兵入侵，夏禹派自己儿子伯启率兵打仗，可是伯启打败了。他的部下都很不服气，要求继续反攻，但是伯启说：“没有必要，我的兵是他的几倍，地也是他的几倍，可是我却战败了，这一定是我在指挥上出了错误，在战计上没有他厉害的缘故。所以从今天开始，我要努力熟读兵书，多看战略书，在短时间内把缺乏的知识补回来。”

从此以后，伯启每天很早便起床读书，粗茶淡饭，照顾百姓，并任用有才干的人，尊敬有品德的人。过了一年，有扈氏知道了，不但不敢再来侵犯，反而自动投降了。

智多星

读一读

工欲善其事，必先利其器。

三思而后行。

读书之法，在循序渐进，熟读而精思。

行是知之始，知是行之成。

七彩板

想一想：你是一个善于思考的人吗？在学习上，你有自己独特的思维吗？谈谈你对此的认识。

蛊——子承父业的教诲

快乐诵

（巽下艮上）䷑

蛊①：元亨。利涉大川。先甲三日，后甲三日②。

初六：干③父之蛊，有子，考④无咎，厉，终吉。

九二：干母之蛊，不可贞。

九三：干父之蛊，小有悔，无大咎。

六四：裕⑤父之蛊，往见吝⑥。

六五：干父之蛊，用誉⑦。

上九：不事王候，高尚其事。

注译窗 看看下面的译文，你就知道它是什么意思了！

①蛊是本卦标题。蛊的意思是“事”。全卦的内容主要讲儿子继承父业的事。由于蛊是全卦中的多见词，所以用它来作标题。

②先甲三日，后甲三日：这是占问日期。古人记录时间的方法是：每年十二个月，每个月分三旬，每旬为十天，这十天依次用甲、乙、丙、丁、戊、己、庚、辛、壬、癸十个字表示。按照这种方法，先甲三日就是辛日，后甲三日就是丁日。

③干：用作“贯”，意思是继承，这里指继承父业。

④考：用作“孝”，子考就是儿子孝顺。

⑤裕：发扬光大。

⑥吝：艰难。

⑦用誉：得到赞誉。

蛊卦：大吉大利。有利于渡过大江大河。在甲日前三天的辛日和甲日后三天的丁日出发。

初六：能继承父亲的事业，就是孝顺的儿子。

没有灾难，虽有危险，结果还是吉利。

九二：继承母亲的事业，吉凶无法占问。

九三：继承父亲的事业，虽有小过错，但没有大灾祸。

六四：发扬光大父亲的事业，实行起来会有困难。

六五：继承父亲的事业，得到了赞誉。

上九：不为国君公侯服务，一心看重继承父业。

博学角

父子清廉

三国时期，胡质在魏国担任州郡长官近三年时间，死后家中无余财，只有朝廷赏赐的衣服和数箱书籍而已。对他的廉洁操守，人人称道。

胡质在荆州任刺史时，其家眷都在京都。

一次他的儿子胡威到住所去看望他，待回家之时，胡质拿出一匹绢给他，让他路上做盘缠。胡威跪在父亲面前说："爹爹为官一向清廉，不知此绢从何而来？"胡质说："孩子，这你是不需要怀疑的，此绢是我的俸禄所余。"胡威谢过父亲的赏赐，遂骑驴上路。一路上，他在打尖驻店时都是自己放驴，自己砍柴做饭。

后来胡威也担任了刺史一职，政绩卓

著，清名遐迩。入晋以后，晋武帝接见了他。

晋武帝谈起当年胡质的生平事迹赞叹不已，遂向胡威道："你的清廉和你的父亲比起来怎样？"

胡威答道："不如吾父。"

晋武帝问："为什么呢？"

胡威说："臣父清廉唯恐人家知道，臣清廉唯恐人家不知道，所以臣和家父相差甚远。"

智多星

猜一猜

看看下面的诗，猜猜他是谁？他是三国吴郡吴县(今属江苏)人，字公纪。

袖里乾坤别样情，六岁小儿大孝明。

思母爱橘客果昧，揖别坠地千古鸣。

七彩板

学一学：

你认为爸爸妈妈的优点是什么？将这些优点总结归纳，然后在以后的学习和生活中学习应用。

无妄——“思无邪”的做人准则

快乐诵

（震下乾上）

无妄①：元亨，利贞。其匪正，有眚，不利有攸往。

初九：无妄，往吉。

六二：不耕获；不菑②畲③，则利有攸往？

六三：无妄④之灾，或系之牛，行人之得，邑人之灾。

九四：可贞，无咎。

九五：无妄之疾，勿药有喜。

上九：无妄行。有眚，无攸利。

注译窗 看看下面的译文，你就知道它是什么意思了！

①无妄是本卦的标题。妄的意思是乱，不正。无妄就是不要有不合正轨行为。全卦的内容是讲行为修养要合于正轨，不能乱来。无妄是卦中多见词，又与内容有关，所以用作标题。

②菑：新开垦的荒地。

③畬：耕种了三年的熟地。

④无妄：意料之外。

无妄卦：大亨大通，吉利的占问。如果思想行为不正当，就会有灾祸。不利于外出有所往。

初九：不要有不合正道的行为，吉利。

六二：不耕种就要收获，不开垦荒地就想耕种熟地。妄想者的行为难道有利吗？

六三：意料之外的灾祸。有人将牛拴住，过路的人顺手把牛牵走了，邑人丢牛得了意外之灾。

九四：利于占问，没有灾祸。

九五：得了病不胡思乱想，不吃药也会痊愈。

上九：不要妄行。妄行有灾，没有什么好处。

博学角

司马光说谎受责

司马光(1019—1086年)，字君实，陕州夏县(今山西夏县)人，北宋政治家、史学家。

童年的司马光与弟弟司马义一起读书。

司马光天资聪明，过日不忘，寄托了父亲全部的期望；而司马义虽然天性驽钝，但为人忠厚老实，即使常常被司马光嘲笑也不介意。

一天，教书先生对司马光的一篇作文大加赞扬，司马义冲着司马光竖起了大拇指，很为他高兴，可司马光却红着脸低下了头。

原来，这篇作文不是他自己写的，而是从古书上抄袭来的。

司马光不好意思告诉先生。然而，事与愿违，先生不是没有看出来，而是早就看出来了，并且将此事告诉了司马光的父亲。

父亲知道后，大发雷霆，立即要训斥司马光，却被先生阻止了。原来先生已经想出了一个两全其美的好办法……

父亲要求司马光做一件最简单的家务活——剥一包花生米的内皮，在短时间内要剥很多，惟一的条件是要自己动脑筋，不能让他人帮忙。

为了获得父亲的赞扬，司马光拼命地剥，他采用了很多办法：先用两只手狠劲地搓，但搓红了两个小手掌，内皮还是牢牢地包在花生米上；他又拼命地用手指甲抠，但指甲很快就抠得出血了；最后，他心一急，干脆用牙齿使劲地啃起来。

一会儿，司马光兴冲冲地来到父亲的书房，将一包圆润光洁的花生仁交给了父亲，奇怪的是父亲并没有夸奖他。父亲让司马光告诉自己是怎么剥的，司马光得意地说："用开水将花生米泡一下再剥，剥起来就很容易了。"

父亲问他这个办法是不是自己想出来的，司马光犹豫了一下，还是点了点头，但脸色却非常难看。

父亲非常失望地看着他，什么话也没有说就走了。

司马光回到自己的房间，内心充满了矛盾：向父亲说实话吧，担心他会很失望；不说吧，又是在欺骗他。

最终，诚实战胜了虚荣，他径直走向书房，告诉父亲是家里的小丫鬟教给他这样做的，并承认了自己的错误。

父亲看着他，眼神中透出一丝喜悦，但却严厉地说："诚信是做人之本，不能设想，一个从小为了一点小事就要投机取巧的人，长大了会成为一个廉洁奉公、正直无私的人！你小小年纪，就染上说谎的毛病，就好像幼小的树生了蛀虫，必须马上清除，否则，就不可能长成有用的栋梁之材！"

司马光这才知道，原来剥花生米正是父亲在考验自己！

智多星

读一读

孔子说："与善人相处，如入芝兰之室，身染香气；与恶人相处，如入鲍鱼之市，身染臭气。"小读者，你明白这句话的意思吗？来说一说吧。

七彩板

想一想：你是一个正直的人吗？说说你是怎么做的，今后如何去做。

颐——不劳动者不得食

快乐诵

（震下艮上）䷚

颐[1]：贞吉。观[2]颐，自求口实[3]。

初九：舍尔灵龟[4]，观我朵颐[5]，凶。

六二：颠[6]颐，拂经[7]于丘，颐征[8]凶。

六三：佛[9]颐，贞凶，十年勿用，无攸利。

六四：颠颐，吉。虎视眈眈[10]，其欲逐逐[11]，无咎。

六五：拂经，居贞吉。不可涉大川。

上九：由[12]颐，厉吉。利涉大川。

看看下面的译文，你就知道它是什么意思了！

①颐是本卦的标题。颐的意思是养育，同饮食营养有关。全卦内容主要讲养生之道。“颐”是卦中多见词，又与内容有关，所以用它作标题。

②观：观察，研究。

③口实：口中的食物，口粮。

④舍：放置。灵龟：用于占卜，所以十分贵重。这里代指财宝，财富。

⑤朵颐：朵，动的意思，颐动即为咀嚼之意，指饮食之事。

⑥颠：用作“填”，意思是塞。

⑦拂经：开垦荒地。

⑧颐征：为了生计而去抢劫粮食。

⑨拂：违背。

⑩眈眈：盯得紧的样子。

⑪逐逐：动得快的样子。

⑫由：遵循。

颐卦：占得吉兆。研究养生之道，要靠自己解决粮食问题。

初九：你自己放着大量财物，还来窥伺我的衣食,凶险。

六二：要解决生计问题，就得在山坡上垦荒开田。为了生计而去抢劫粮食，凶险。

六三：违背养生之道，占得凶兆,十年都很倒霉，没有什么好处。

六四：解决生计问题靠自己，吉利。像老虎一样盯住别人的衣食，想一下子扑过去抢夺，会有灾祸。

六五：垦荒开田，有利于定居的占问。不能渡大江大河。

上九：遵循养生之道，先艰难后吉利。有利于渡过大江大河。

博学角

囊萤映雪

在晋朝时期，有两位很有名气的学者，一位叫车胤，另一位叫孙康，他们二人都是穷人家的孩子，没有读书的条件，但是凭着自己顽强的毅力，最后自学成才了。

车胤家中很穷，没钱读书，可他自己想学习，只好白天帮助父母干活，晚上才能有学习的机会，到了晚上，家中又买不起油来点灯，车胤很是苦恼，怎么办呢？

最后他终于想出了一个好办法来，用布做个大口袋，到野地里去捉萤火虫。

萤火虫自己可以发光，集在一起时，就发出可以让人勉强看书的微弱亮光来。

孙康小时候，家中也是穷得读不起书，可是，他非常自强，努力读书，除了白天抽时间读书外，夜里也不停地学习。

他没有像车胤那样发明出萤火虫来当灯，而是用雪来照明。

在冬天的夜里，他家里买不起灯油，不能读书了。他只好躺在床上，默默地背诵着白天所看书的内容，当发觉有记不起的内容时，只能等到明天再看。

有一天，他突然向窗外望去，发现外面的雪地在月光的照射下，显得很亮。于是，他穿上衣服，拿出书本便在外面看起书来。只有当他手脚被冻得麻木时，才进屋暖和一会儿。

小朋友，车胤是“囊萤”（用布袋子装萤火虫），孙康是“映雪”，这两个故事组成了民间传说“囊萤映雪”。它告诉我们，要想成才，就要刻苦学习，即使在艰苦的条件下，也要创造条件学习。

智多星

读一读

勤为无价之宝，慎为护身之符。

蜜蜂因夏天勤劳才能冬天食蜜。

勤学功深心似镜，苦练日久手出灵。

凭寄还乡梦，殷勤入故园。

货美客来顾，店雅客来勤。

七彩板

同学们，看看身边的朋友谁最勤劳，把他当作自己的榜样，向他学习。

大过——凡事不要过头

快乐诵

（巽下兑上）䷛

大过[①]：栋桡[②]。利有攸往，亨。

初六：藉用白茅[③]，无咎。

九二：枯杨生稊[④]，老夫得其女妻，无不利。

九三：栋桡，凶。

九四：栋隆[⑤]，吉。有它[⑥]吝。

九五：枯杨生华，老妇得其士夫，无咎无誉。

上六：过涉灭顶[⑦]，凶，无咎。

看看下面的译文，你就知道它是什么意思了！

①大过是本卦的标题。大的意思是太，大过就是太过。全卦的内容是讲一些过了头的事，标题是按内容取的。

②桡：弯曲。

③藉：席，用作铺垫。白茅：一种柔软洁白，较贵重的草。

④稊：用作“荑”，意思是草木新生、发芽。

⑤隆：中间高起来。

⑥它：指意外的事故。

⑦灭顶：水淹过头顶。

大过卦：屋梁被压弯了。有利于出门旅行，亨通。

初六：用白茅铺垫以示恭敬，没有灾祸。

九二：枯萎的杨树重新发芽，老头儿娶了年轻女子为妻。没有什么不吉利。

九三：屋梁压弯了，凶险。

九四：屋梁隆起不弯，吉利。但有意外事故，不妙。

九五：枯萎的杨树重新开花，老妇人嫁了一个年轻丈夫。没有灾祸也没有好处。

上六：渡河涉水，水淹过了头顶，凶险，但没有灾祸。

博学角

楚王的宽容

一次，楚庄王因为打了大胜仗，十分高兴，便在宫中设盛大晚宴，招待群臣，宫中一片热火朝天。

楚王也兴致高昂，叫出自己最宠爱的妃子许姬，轮流着替群臣斟酒助兴。

忽然一阵大风吹进宫中，蜡烛被风吹灭，宫中立刻漆黑一片。

黑暗中，有人扯住许姬的衣袖想要亲近她。许姬便顺手拔下那人的帽缨并赶快挣脱离开，然后许姬来到庄王身边，告诉庄王说："有人想趁黑暗调戏我，我已拔下了他的帽缨，请大王快吩咐点灯，看谁没有帽缨就把他抓起来处置。"

庄王说："且慢！今天我请大家来喝酒，酒后失礼是常有的事，不宜怪罪。再说，众位将士为国效力，我怎么能为了显示你的贞洁而辱没我的将士呢？"

说完，庄王不动声色地对众人喊道："各位，今天寡人请大家喝酒，大家一定要尽兴，请大家都把帽缨拔掉，不拔掉帽缨不足以尽欢！"

于是群臣都拔掉自己的帽缨，庄王再命人重又点亮蜡烛，宫中一片欢笑，众人尽欢而散。

三年后，晋国侵犯楚国，楚庄王亲自带兵迎战。交战中，庄王发现自己军中有一员将官，总是奋不顾身，冲杀在前，所向无敌。众将士也在他的影响和带动下，奋勇杀敌，斗志高昂。这次交战，晋军大败，楚军大胜回朝。

战后，楚庄王把那位将官找来，问他："寡人见你此次战斗奋勇异常，寡人平日好像并未对你有过什么特殊好处，你是为什么如此冒死奋战呢？”

那将官跪在庄王阶前，低着头回答说：“三年前，我在大王宫中酒后失礼，本该处死，可是大王不仅没有追究、问罪，反而还设法保全我的面子，我深深感动，对大王的恩德牢记在心。从那时起，我就时刻准备用自己的生命来报答大王的恩德。这次上战场，正是我立功报恩的机会，所以我才不惜生命，奋勇杀敌，就是战死疆场也在所不辞。大王，臣就是三年前那个被王妃拔掉帽缨的罪人啊！”

一番话使楚庄王和在场将士大受感动。楚庄王走下台阶将那位将官扶起，那位将官已是泣不成声。

如果我们都能正确分析问题，从大处着眼，不以眼前小事来干扰我们的心智，有时，坏事能变成好事。

智多星

警句欣赏：

百川东到海，何时复西归？少壮不努力，老大徒伤悲。——(汉乐府《长歌行》)

百学须先立志。——(朱熹)

笔落惊风雨，诗成泣鬼神。——(杜甫)

博观而约取，厚积而薄发。——(苏轼)

七彩板

在生活中，如果有人欺负你了，你是不依不扰，还是适可而止？为什么这么做？说说你的理由。

恒——好日子恒久如常

快乐诵

（巽下震上）䷟

恒[1]：亨，无咎，利贞，利有攸往。

初六：浚[2]恒贞凶，无攸利。

九二：悔亡。

九三：不恒其德[3]，或承之羞[4]，贞吝。

九四：田无禽。

六五：恒其德贞，妇人吉，夫子凶。

上六：振[5]恒，凶。

看看下面的译文，你就知道它是什么意思了！

①恒是本卦的标题。恒的意思是久常。全卦内容是日常生活和生产上的事。作标题的“恒”字是卦中多见词。

②浚：挖土。

③德：用作“得”，指收获。

④承：奉送。羞：即“馐”，意思是美味。

⑤振：振动，动荡。

恒卦：亨通，没有灾祸，吉利的占问。有利于出行。

初六：挖土不止。占问凶兆，没有什么好处。

九二：没有什么可悔恨。

九三：不能经常有所获，有人送来美味的食物。占得艰难的征兆。

九四：田猎打不到禽兽。

六五：经常有所获。占问结果，女人吉利，男人凶险。

上六：动荡不止。凶险。

博学角

王祥和王览

王祥很小的时候妈妈就去世了，爸爸娶了一个继母，继母生了弟弟，叫王览。

继母只疼王览，不疼王祥。可是王祥却很疼爱这个小弟弟。王览也非常尊敬哥哥，只要有好东西吃，他都会偷偷分给哥哥。

继母常常让王祥干粗活、累活，稍有不如意，她就打骂王祥。

王览求情说：“妈妈，这么多活儿哥哥做不完，而且哥哥已经很累了，连休息的时间都没有。”

王览常常帮王祥干活，王祥说：“弟弟，你年纪小，还是我来干。”但王览还是要帮忙。两兄弟感情越来越好，继母看到兄弟俩彼此友爱，渐渐地被他们感动，对王祥也越来越好了。

智多星

读一读

讲故事：我们都希望自己能够快乐地生活，快乐地成长。以“快乐”为题，以你身边发生的事为素材，给大家讲一个快乐的故事。

七彩板

生活是美好的、快乐的。你想像当中，生活应该是什么样的呢？那就放飞你的思想，展现你的愿望吧！

蹇——艰难困苦结硕果

快乐诵

（艮下坎上）䷦

蹇[1]：利西南，不利东北。利见大人，贞吉。

初六：往蹇，来誉[2]。

六二：王臣蹇蹇[3]，匪躬[4]之故。

九三：往蹇来反[5]。

六四：往蹇来连[6]。”

九五：大蹇，朋[7]来。

上九：往蹇来硕[8]，吉。利见大人。

注译窗

看看下面的译文，你就知道它是什么意思了！

①蹇是本卦的标题。蹇的意思是艰难。全卦的内容是通过商旅来说明由难变为不难的道理。作标题的“蹇”字既与内容有关，又是卦中的多见词。

②誉：用作“趋”，意思是安全舒适地行路。

③蹇蹇：难上加难。

④躬：自己。

⑤反：意思是高兴快乐。

⑥连：用作“辇”，意思是车。

⑦朋：朋贝，货币。

⑧硕：用作“蹁”，意思是跳跃，这里用来说明高兴。

蹇卦：往西南方走有利，往东北方走不利。有利于会见王公贵族。占得吉兆。

初六：出门时艰难，回来时安适。

六二：王臣的处境十分艰难，不是他自身的缘故。

九三：出门时艰难，回来时快乐高兴。

六四：出门时艰难，回来时有车可坐。

九五：经历了许多艰难，最终赚钱获利。

上六：出门时艰难回来时欢喜跳跃。吉利。有利于见到王公贵族。

博学角

阳光就在自己头顶

一位农妇在种黄豆，由于天气干旱和老鼠为患，她把种子埋得很深很深。

过了几天，农妇带上六岁的儿子去查看，翻开土壤，他们发现很多种子都长出了长茎，顶是两瓣黄黄的嫩芽，这柔弱的生命正在土壤的空隙中七弯八拐地往上生长着，很快就要破土而出。

儿子突然惊讶地问：“妈妈，小苗长眼睛了

吗？”

“没有。”

“那它们怎么都知道要往上长，而不往下长呢？”

“因为它要寻找阳光，没有阳光它们最终会死的。”

儿子又问农妇：“妈妈，我要是没有阳光会死吗？”

答案是肯定的，但农妇不敢这样回答，只好对他说道：“孩子，你放心，不会没有阳光的。”

其实，人的生命里时常会有失去阳光的日子，就像种子被埋在土里一样。埋得很深的种子，固然生长艰难，但长大后必定根深叶茂，能经风雨。

种子没长眼睛，但向上的种子告诉我们，阳光就在自己的头顶……

智多星

读一读

我们常说：“不经历风雨，怎么见彩虹。”意思是只有经过磨练，我们才能成功。你还记得《孟子·告子下》里的一段话吗？“天将降大任于斯人也，必先苦其心志，劳其筋骨，饿其体肤，空乏其身，行拂乱其所为，所以动心忍性，曾益其所不能。”

七彩板

通过复习，你是不是又有许多新的感想，你知道该怎么做了吗？说说看。

夬——防患于未然

快乐诵

（乾下兑上）䷪

夬[1]：扬[2]于王庭，孚号有厉[3]，告自邑：不利即戎[4]。利有攸往。

初九：壮[5]于前趾，往不胜，为咎。

九二：惕号[6]，莫[7]夜有戎，勿恤。

九三：壮于頄[8]，有凶。君子夬夬[9]独行，遇雨若濡[10]，有愠[11]，无咎。

九四：臀无肤[12]，其行次且[13]。牵羊悔亡，闻言不信[14]。

九五：苋陆夬夬中行[15]，无[16]咎。

上六：无号[16]，终有凶。

看看下面的译文，你就知道它是什么意思了！

①夬是本卦的标题。夬是“快”的本字，有快乐和快速两种意思。全卦内容主要讲防范敌人和行旅。标题取“夬”的字义。

②扬：拿着兵器跳的武舞。

③孚号：呼号。有厉：有敌人来侵犯。

④即戎：马上进行防御。

⑤壮：受伤。

⑥惕号：惊恐呼号。

⑦莫：“暮”的本字，意思是太阳下山。

⑧頄：颧骨。

⑨夬夬：急匆匆的样子。

⑩若：而。儒：淋湿。

⑪ 愠：不高兴，不满。

⑫ 肤：肉。臀无肤：这里是说臀部受了伤。

⑬ 行次且：用作“越趄”，意思是走路很困难的样子。

⑭ 闻：用作“问”。言：用作“愆”，意思是亏损。信：申辩，说明。

⑮ 苋：细角山羊。陆：意思是蹦跳。中行：路中间。

⑯ 无：应为“犬”字。

夬卦：王庭中正在跳舞取乐，有人呼叫“敌人来犯”。邑中传来命令：“不利出击，严密防范。”有利于出行。

初九：脚趾受了伤，再前往，脚力不胜将遭难。

九二：有人惊呼，夜晚敌人来犯，但不必担心。

九三：颧骨受了伤，凶险。君子独自匆匆赶路，遇到下雨淋湿了全身，很不高兴，但没有灾祸。

九四：臀部受了伤，走起路来十分困难。牵羊去做买卖，悔恨羊丢失了，问怎么丢的，却说不清楚。

九五：细角山羊在路中间欢快蹦跳，没有灾祸。

上六：狗叫，结果将凶险。

博学角

生于忧患，死于安乐

舜曾经以庄稼汉的身份被任用；傅说原来为人筑墙，后来才被选拔；胶鬲被举荐是在当鱼盐商的时候；管夷吾是从狱官手里被释放并录用的；孙叔敖是隐居海滨而被举用的；百里奚是在市井之间被提拔的。

人经常犯错误，然后才会知道该如何改正错误，内心困惑，思虑堵塞，然后才能振作奋起，有所作为。显现出憔悴、枯槁的颜色，把吟咏叹息之气发于声音，然后才被人们所了解。如果国内没有有法度的大臣和辅佐君主的贤士，国外却有敌对的国家和外犯的祸害，国家常会因此灭亡。

然后可以明白：忧患激励人勤奋使人生存发展，而安逸享乐却可以使人萎靡死亡。

智多星

读一读，背一背

生于忧患，死于安乐。

先天下之忧而忧，后天下之乐而乐。

积极的人在每一次忧患中都看到一个机会，而消极的人则在每个机会中都看到了某种忧患。

七彩板

同学们，你会对自己的学习成绩担忧吗，你会担心自己的排名不能进前几名吗？你是怎么做到有备无患的呢？

升——昌盛之道在发展

快乐诵

（巽下坤上）䷭

升①：元亨，用见大人，勿恤。南征吉。

初六：允②升，大吉。

九二：孚乃利用禴，无咎。

九三：升虚邑③。

六四：王④用亨⑤于岐山。吉，无咎。

六五：贞吉，升阶⑥。

上六：冥⑦升，利于不息⑧之贞。

看看下面的译文，你就知道它是什么意思了！

①升是本卦的标题。升的意思是上升，发展。全卦的内容大致是讲周朝不断上升、强盛的历史。标题的“升”字是卦中多见词。

②允：意思是前进。

③虚邑：建在大山丘上的城邑。

④王：周玉。

⑤亨：即“享”，意思是祭祀。

⑥升：登上。阶：阶梯。

⑦冥：晚上。

⑧不息：不停。

升卦：大亨大通，有利于见到王公贵族，不必担忧。向南出征吉利。

初六：前进而步步发展，大吉大利。

九二：春祭最好用俘虏作人牲，没有灾祸。

九三：向建在山丘上的城邑进军。

六四：周王在岐山举行祭祀。吉利，没有灾祸。

六五：占得吉兆，沿阶而逐步上升。

上六：昼夜不停地发展，有利于发展的占问。

博学角

诸葛亮爱民创馒头

诸葛亮是中国古代著名的政治家、外交家和军事家，是智慧的象征。他一生为复兴汉室，呕心沥血，鞠躬尽瘁，死而后已。

诸葛亮不仅在战场上叱咤风云，用兵出神入化，而且对国赤胆忠心，爱民如子。他创制馒头就是一则爱民的典型事例。

蜀汉建兴三年（公元225年）秋天，诸葛亮采取攻心战，七擒七纵收服了孟获，与西南少族民族建立良好关系后，班师回朝。

大军行到泸水，忽然阴云密布，狂风大作，巨浪滔天，军队无法渡河。诸葛亮精通天文，对天气变化非常熟悉，但这突然的变化，使他也迷惑不解。他忙请教前来相送对这一带地理气候非常了解的孟获。

孟获说："这里几年来一直打仗，很多士兵战死在这里，这些客死异乡的冤魂经常出来作怪，凡是要在这里渡水的，必须祭供。"

诸葛亮想到这些战士，为了国家的利益，抛尸他乡，如今战争结束了，将士们得胜回朝，他们却永远成为异乡孤魂，祭奠他们是应该的。他问孟获用什么作祭品。

孟获说："要用七七四十九颗人头祭供才会平安无事，而且来年肯定丰收。"

诸葛亮一听，心里一沉：这些作祟的既然是冤魂，如果再用四十九颗人头去祭奠，不是又平白无故地增加四十九个冤魂吗？这样循环往复，冤魂就越积越多，泸水便永无宁日。再说，祭品用人头，这代价也太大了。

诸葛亮决定不以人头祭泸水。

他来到泸水边，只见阴气四起，恶浪汹涌，士兵和战马也处在惊乱之中，看来不祭是不行的。

当地土人对诸葛亮说：“上次丞相渡泸水之后，水边就夜夜鬼哭神号，从黄昏至天明，从不断绝。”诸葛亮心想，看来罪在我身上，怎么能牵连无辜军民呢？所以决定亲自祭供。

诸葛亮苦思冥想，终于想出一个用另一种物品

替代人头的绝妙办法。他命令士兵杀牛宰羊，将牛羊肉斩成肉酱，拌成肉馅，在外面包上面粉，并做成人头模样，入笼屉蒸熟。

这种祭品被称作“馒首”。

诸葛亮将这肉与面粉做的馒首拿到泸水边，亲自摆在供桌上，拜祭一番，然后一个个丢进泸水。受祭后的泸水顿时云开雾散，风平浪静，大军顺顺当当地渡了过去。

从此以后，人们经常用馒首作供品进行各种祭祀。由于“首”“头”同义，后来就把“馒首”称作“馒头”。馒头作了供品祭祀后被食用，人们从中得到启示，以馒头为食品。

如今，馒头遍布中国各地，还传到世界各地，至于其中包含着的诸葛亮的爱民精神，知道的人也许就不多了。

智多星

查一查

“民为本，社稷次之，君为轻”是什么意思？你认为这样翻译准确吗？你是怎么认为这句话的？

七彩板

讲一讲：亲爱的小读者，你还知道哪些关于社稷建设的故事，快来这里讲一讲啊。

井——水是生命之源

快乐诵

（巽下坎上）䷯

井[1]：改邑[2]不改井，无丧无得，往来井井。汔[3]至亦未繘[4]井，羸[5]其瓶，凶。

初六：井泥[6]不食，旧井[7]无禽。

九二：井谷[8]射鲋[9]，瓮[10]敝[11]漏。

九三：井渫[12]不食，为我心恻[13]，可用汲。王明，并受其福。

六四：井甃[14]，无咎。

九五：井冽[15]寒泉，食。

上六：井[16]收[17]勿幕[18]。有孚，元吉。

看看下面的译文，你就知道它是什么意思了！

①井是本卦的标题。井指井田、水井。全卦内容是记述村邑中劳动和生活的情景。作标题的“井”字是卦中多见词。

②改邑：改换封邑。

③汔：水干枯。至：用作“窒”，意思是淤塞。

④繘：这里的意思是挖。

⑤羸：用作“儡”这里指打破。

⑥泥：淤泥。井泥：井水浑浊含泥。

⑦井：陷阱，用于捕兽。

⑧井谷：井底。

⑨鲋：小鱼。

⑩瓮：汲水的耳器。

⑪敝：破。

⑫渫：污浊。

⑬心恻：沁测，意思是淘净，澄清。

⑭井甃：用砖石垒筑井壁。

⑮冽：水清澈。

⑯井：陷阱。

⑰收：缩小。

⑱幕：盖。

井卦：改换了封邑却没改变井田数目，没有损失也没有多得，人们照样在田间来来往往。水井已经干枯淤塞，却不去挖淘，还打破了汲水瓶，凶险。

初六：井水浑浊如泥无法饮用。陷阱塌坏不能关野兽。

九二：张弓射井底的小鱼。水瓮又破又漏。

九三：井水污浊不能饮用，给我淘净澄清，就可以汲饮。君王英明，使众人都得到他的福佑。

六四：用砖石垒砌井壁，没有灾祸。

九五：井水清澈，凉泉可口，可以饮用。

上六：缩小陷阱口，不加井盖，结果捕获了野兽，大吉大利。

博学角

傣族人爱水

在很早很早以前，一个无恶不作的魔头用卑鄙的手段霸占了美丽而又富饶的西双版纳，并且控制了西双版纳的所有水源，而且还抢来了七位美丽的姑娘做了他的妻子。

姑娘们非常气愤，满怀仇恨，伺机杀死魔王。

突然有那么一天，年纪最小的姑娘鼓起勇气，陪魔王喝酒并把魔王灌醉。在魔王大醉的时候，最小的姑娘套出了魔王的弱点。

原来这天不怕、地不怕的大魔头，最怕的就是自己的头发缠在自己的脖子上。聪明伶俐的小姑娘非常小心地拔下魔王的头发。她刚把头发勒在魔王的脖子上，魔王的头就像皮球一样滚了下来。

可是危险的事情再一次发生，魔王的头滚在地上立刻就变成了大火球，滚到哪里哪里就会燃起熊熊大火，竹楼、庄稼都已经被这邪火烧焦了，小姑娘用弱小的身躯按住了魔王的头，其他六位姑娘不停的开始浇水。

在傣历的六月，邪火终于被扑灭了。美丽又富饶的西双版纳又回来了，美丽的小溪又开始潺潺流水，乡亲们开始了安居乐业的生活。

从此，为了纪念在那场大火中献出年轻生命的七位姑娘，傣族人便开始有了逢年泼水的习俗。

智多星

读一读

节水歌(童谣)

喝多少接多少，喝不完不乱倒。
手儿脏把手洗，洗完手关龙头。
洗米水不乱倒，送给花儿花更美。
争做节水小卫士，洗衣水倒木桶。
嚓嚓嚓刷地板，地板擦得透又亮。
节约用水好品质，做个节水小天使。

七彩板

水是生命之源，在生活中水对我们非常重要。说一说在日常生活中我们应该怎么节水？

节——倡导节俭和守礼节

快乐诵

（兑下坎上）䷻

节[1]：亨。苦节[2]，不可贞。

初九：不出户庭，无咎。

九二：不出门庭，凶。

六三：不节若[3]，则嗟[4]若，无咎。

六四：安节[5]，亨。

九五：甘节[6]，吉，往有尚[7]。

上六：苦节，贞凶，悔亡。

看看下面的译文，你就知道它是什么意思了！

①节是本卦的标题。节的意思是节制、节俭和礼节。全卦的内容讲礼节和节约。标题的“节”字与内容有关，又是卦中的多见词。

②苦节：意思是以节制为苦事。

③若：句尾的助词，没有实际意义。

④嗟：感慨，叹息。

⑤安节：意思是安于节俭的生活。

⑥甘节：意思是以节制为乐事。

⑦尚：资助，帮助。

节卦：亨通。以节制守礼为苦事，吉凶不可占问。

初九：在家室内不出门，没有灾祸。

九二：在庭院内不出门，凶险。

六三：不知节俭守礼，就会后悔叹息。知道就没有灾祸。

六四：安于节制守礼的生活，亨通。

九五：以节制守礼为乐事，吉利,出行会得到帮助。

上六：以节制守礼为苦事，占得凶兆，悔恨不已。

博学角

房梁挂钱

苏轼乃是有名的唐宋八大家之一，他在二十一岁那年考中了进士，并先后在朝任职四十年之久。在任职期间，苏轼的生活非常简朴，把自己与百姓平齐，毫无做官的威风。

在元丰三年（1080年），苏轼不幸被降职，他辗转来到湖北黄州。由于降职，他的俸禄自然也减少了许多，使得他的生活穷困潦倒，无法生存。

还好，苏轼在朋友的帮助下，得到了一块良田。苏轼自己便在田地中耕种起来。

为了不乱花一文钱，他还实行计划开支：先把所有的钱计算出来，然后平均分成十二份，每月用一份；每份中又平均分成三十小份，每天只用一小份。

钱全部分好后，按份挂在房梁上，每天清晨取下一包，作为全天的生活开支。

拿到一小份钱后，他还要仔细权衡，能不买的东西坚决不买，只准剩余，不能超支。积攒下来的钱，苏轼把它们存在一个竹筒里，以备意外之需。

苏轼这良好的习惯后来被人们传成了佳话，也希望所有的人都能学习苏轼节俭的生活作风。

智多星

读一读

下面是关于节俭的小谚语，快来读一读吧！

节约节约，积少成多，一滴两滴，汇成江河。

一斤粮，千粒汗，省吃俭用细盘算。

若要生活好，勤劳、节俭、储蓄三件宝。

细雨落成河，粒米凑成箩。

七彩板

在日常生活中，你是一个节俭的好孩子吗？你是怎么做到节俭的呢？写下你的妙招吧！

困——严刑酷罚

快乐诵

（坎下兑上）䷮

困[1]：亨。贞大人吉，无咎。有言不信[2]。

初六：臀困于株木[3]，人于幽谷[4]，三岁不觌[5]。

九二：困于酒食，朱绂[6]方来，利用享祀。征凶。无咎。

六三：困于石[7]，据于蒺藜[8]，入于其宫，不见其妻，凶。

九四：来徐徐[9]，困于金车[10]。吝，有终。

九五：劓刖[11]，困于赤绂，乃徐[12]有说[13]，利用祭祀。

上六：困于葛藟⑭，于臲卼⑮，曰动悔有悔。征吉。

注译窗

看看下面的译文，你就知道它是什么意思了！

①困是本卦的标题。困的意思是困厄、倒霉和关押。全卦专讲刑狱。“困”字与内容有关，又是卦中多见词，所以用作标题。

②言：用作“愆”，意思是罪过。信：申辩，说清楚。

③困：这里的意思是挨打。株木：指打人的刑杖。

④幽谷：这里指监狱。

⑤觌：看见。

⑥朱绂：红色的服装，这里代指穿红色服装的民族。

⑦石：嘉石。古代树立在朝门左边当众的地方，用于惩罚犯人。

⑧蒺藜：这里代指监狱。

⑨徐徐：慢行的样子。

⑩金：禁。金车：关押犯人的囚车。

⑪劓：割掉鼻子。刖：砍掉脚。

⑫徐：逐渐。

⑬说：用作“脱”。

⑭葛藟：一种有刺的蔓生植物，种在监狱外，以防犯人逃跑。

⑮臲卼：木桩，围在监狱外，防止犯人越狱。

初六：臀部挨了刑杖打，被关进牢房，三年不见外界天日。

九二：酒醉饭饱，穿红衣的敌人来犯，于是祭祀求神。占问出征，得凶兆。没有灾祸。

六三：被捆在嘉石上示众，又被关在四周有蒺藜的牢里，释放回到家里，妻子却不在了，凶险。

九四：犯人被关在囚车里，慢慢走来。这很不幸，但最后被释放了。

九五：被穿红衣的人抓去，割掉鼻子，砍断了脚，后来逐渐逃脱，赶快祭祀求神保祐。

上六：被关在四周有葛廷和木桩的监狱里，想动身越狱的话，就会悔上加悔。占问出征，得到吉兆。

博学角

请君入瓮

武则天是中国历史上的一位女皇帝，她称帝后便采取极端残酷的镇压政策，以维护自己的统治权威。同时还发布命令，对于那些告密的人给予重赏。即使是诬告，对于告密者也不予以处置。

这样一来，告密的人越来越多，全国上下到处都变得人人自危。

由于武则天采取如此残酷镇压政策，以至于出现了许多酷吏，他们有的捕风捉影，想尽办法诬陷政敌；有的则不断想出新的刑具严刑拷打人犯，逼迫其认罪。

当时大臣周兴和来俊臣是武王手下极为得力的有名酷吏。

一次，有人告密说周兴谋反，武则天便让来俊臣去审理此案。来俊臣与周兴私交关系一向不错，但武则天令他也不敢不遵从，于是他苦苦思索，终于想出一个办法。

来俊臣请周兴来他府衙中谈话，向他请教如何创新新的刑具审理犯人。

周兴不知底细便十分得意地告诉来俊臣说："我又发明一种新方法，你只要准备一个大瓮，用炭火烧红大瓮，将犯人放进去，无论他们多么顽固，也会最终撑不住，老老实实地交代罪行。"

来俊臣闻听此言，点头称妙。

于是便让手下人去抬来一个大瓮，照着刚才周兴所说的方法，将大瓮用炭火烧得通红。

接下来，他便站起身，沉下脸面对周兴说："有人告你谋反，现在武王令我审问你，你若不老实招供，我就只好请你进这个大瓮了！"周兴听了大惊失色，便只好俯首认罪。

智多星

读一读

考考你：

古时候，为了怕犯人逃走，都想出了哪些方法呢？比如：断脚……

七彩板

想想看：你觉得是以法治国好还是以德治国好呢？老师是怎么告诉你们的呢？

艮——养身之道

快乐诵

（艮下艮上）䷳

艮[1]：艮其背，不获[2]其身，行其庭[3]不见其人。无咎。

初六：艮其趾[4]。无咎，利永贞。

六二：艮其腓[5]，不拯其随[6]，其心不快。

九三：艮其限[7]，列其夤[8]，厉，薰心[9]。

六四：艮其身，无咎。

六五：艮其辅[10]，言有序，悔亡。

上九：敦[11]艮，吉。

注译窗 看看下面的译文，你就知道它是什么意思了！

①艮是本卦的标题。原文卦象后无“艮”字，这是为避免与卦辞重复而省略。艮的意思是止息、歇息，引申为保护。全卦的内容是讲注意保护身体。

②获：用作“护”。

③庭：园宅。

④趾：这里代指脚。

⑤腓：腿肚子。

⑥拯：保护。随：用作“隋”，意思是肉，这里指肌肉。

⑦限：腰部。

⑧夤：用作“夤”，意思是胁部肌肉。

⑨薰：同“熏”。薰心：意思是心像被火烧一样痛苦。

⑩辅：指面部。

⑪ 敦：意思是额部，这里代指头部。

艮卦：注意保护背部而不保护全身，就像一座大园宅没有人居住一样。没有灾祸。

初六：注意保护脚。没有灾祸。有利于长久吉利的占问。

六二：注意保护腿肚，却不保护腿部肌肉，心中不愉快。

九三：注意保护腰部，但胁间的肉已裂开了，危险，使人心焦。

六四：注意保护胸腹部。没有灾祸。

六五：注意保护面部，注意说话有分寸，没有悔恨。

上九：注意保护头部。吉利。

博学角

养身之道

人寿至百岁并非难事，惟保持此身之为难，能保持则少病，自然长寿。

而保持之法，实在平时，如保持室内清洁，必日日勤于打扫，器具亦必日日洗涤，而物自经久。此身亦物也。

人可以三日不食，不可一日断水，或可以一日断水，不可一刻断空气。

所以人生以血气流通为主，气滞可以阻血，血阻可以结毒，为癌为瘤，皆是血气不流通之故。

气以顺为主，血以通为畅。

百病无不先由气滞，气郁于内，肝先受伤。

挽救之法，在化除得诀。

而化除要诀有二：第一寻其根，其根在心，心空则一切自化。心何以难化，则因看事太真，成见太重，器量太小，疑忌太固，所以养身须有学问道德，对一般人难以求全责备，只勉其退让克己，少恼自少病，此根本法也；第二助其化除，帮助血气之流通，药石之外，施以小术，即今所言推拿之法，一无费用，二省时间，三无流弊，四有实效，五勿他求，六为预防。

但行之非难，须有先决条件如下：

第一恒心，不可一日间断，行过百日，停止反觉不适，当如每日吃饭一样。

第二求功不可速，性急即可助火，火以助气，反而不美。

第三不可贪多，贪则无恒而性急，劳而无功。以此法乃经常性，况百病由贪而起，不可再贪以重增痛苦也。

智多星

养身之道四大要领

一.乐观心态:

凡事心情放松，乐观面对，不要计较小事，不要贪小便宜，“高贵者最愚蠢，卑贱者最聪明!”不要把它误解为放弃自尊。

二.充足睡眠:

按时入睡，定神养心，不思虑事，静心安眠。

三.均衡营养:

多食素，多食粗，品种多，入口杂，荤素搭配，合理用餐!

四.适量运动:

“饭后百步走，活到九十九”。运动不能过量，不要进入运动的误区，不能大汗淋漓，只要适度活动就可。

看似简单，就如三餐……你做到了吗?

七彩板

你还知道哪些养身的故事或方法，请你列举一些并谈谈自己对此的认识。

渐——幸福家庭

快乐诵

（艮下巽上）䷴

渐[1]：女归[2]吉。利贞。

初六：鸿[3]渐于干[4]，小子厉[5]，有言[6]。无咎。

六二：鸿渐于磐[7]，饮食衎衎[8]，吉。

九三：鸿渐于陆[9]，夫征不复，妇孕不育，凶，利御寇。

六四：鸿渐于木，或得其桷[10]，无咎。

九五：鸿渐于陵，妇三岁不孕，终莫之胜[11]，吉。

上九：鸿渐于陆[12]，其羽可用为仪[13]，吉。

看看下面的译文，你就知道它是什么意思了！

①渐是本卦的标题。渐的意思是渐进、缓进。全卦内容以鸿雁起兴，作为主线，占问日常生活中的事情。标题的“渐”字是全卦中多见词。

②归：女子出嫁。

③鸿：水鸟。

④干：山涧。

⑤小子：小孩子。厉：危险。

⑥言：意思是谴责、呵责。

⑦磐：涯岸。

⑧衎：自得的样子。

⑨陆：高而平的地。

⑩桷：屋顶上承瓦的方木条。

⑪胜：欺凌、欺侮。

⑫陆：大山。

⑬仪：用鸟羽编织的文舞道具。

渐卦：女子出嫁，是吉利的事。吉利的占问。

初六：鸿雁走进山涧，小孩也去很危险，应当呵责制止。

六二：鸿雁走上涯岸，丰衣足食，自得其乐。吉利。

九三：鸿雁走上陆地，丈夫出征没回来，妻子怀孕而流产。凶险，有利于抵御敌寇。

六四：鸿雁飞上树木，贵族已准备好了盖房的桷条。没有灾祸。

九五：鸿雁飞上山头，妻子多年没有怀孕，却始终没有受到欺侮。吉利。

上九：鸿雁飞上大山，它的羽毛可以作文舞的道具。吉利。

博学角

温公爱兄

司马光一生孝顺父母、友爱兄弟、忠于朝廷。他地位显赫，德高望重，人们对他的德行推崇至极，称其为“温公”。关于他们兄弟情怀的故事，更是流传千古。

司马光的哥哥，字伯康，名旦，兄弟两人的感情特别好。

当司马光退居在洛阳的时候，每次返乡探亲，总会探望兄长，他对哥哥既敬重又倍极关怀。

当时伯康已八十岁了，而司马光也年事不小，但侍奉兄长就如同侍奉父亲一样地尽心尽力。尤其老人家体质羸弱，消化不佳，为保康健常需少量多餐，故照顾颇为费神。

所以每当吃完饭不久，温公总会亲切地问候哥哥："您饿了吗？要不要再吃点东西？"几乎是时时刻刻地关注，就如同照顾婴儿般地无微不至。

季节交替，气候极其不稳，老人最怕的是着凉。所以天气稍稍转凉，司马光就常常轻抚着兄长的背，并关切地问道："衣服会不会太薄？会不会冷？"随时都注意到哥哥的衣服是不是足够保暖。

日日嘘寒问暖，兄弟间的情怀自然地流露，这是何等地温馨感人！

人的一生，和兄弟姐妹相处的时间，往往超过父母，故应该彼此相互提携照顾，正所谓是“同气连枝，骨肉相连”。

又谚云：“一回相见一回老，能得几时为弟兄？”

因而，兄弟间真挚的友爱，是多么的弥足珍贵，我们应当更加珍重爱惜。

温公和兄长间的手足情怀一直是古今的美谈。故李文耕说道，司马温公是“一代完人”，他的品德、学识、涵养都无懈可击，他的孝顺、友爱、忠诚都出自于天性，是我们后人的表率。

孟子说：“孩提之童，无不知爱其亲者，及其长也，无不知敬其兄也。”

也就是说，孩子在孩提时代懂得敬爱父母，稍微长大之后懂得友爱兄弟，这些都不用学习就能知道的，因为它是源自于自然的天性，是人人具有的良知良能，正是所谓的“人之初，性本善”。

温公虽然高官显贵，但照料兄长从不委由仆人代劳，巨细靡遗，都亲自操持，这种至情至亲的手足之爱，与下人照顾是全然不同的。

我们想想，两位白发苍苍的老人，相互扶持、相互照顾，那是何等感人的画面！

对于兄长伯康，温公是恭敬到了极处，也爱护到了极处，所谓“友爱至极，无以复加”。

《礼记》云：“听于无声，视于无形。”难道不正是如此吗？

的确，天底下很少有人能拥有这般幸福的手足之情，毕竟人懂得珍惜的时候短，往往都是在失去之后才知后悔，为什么过去不对他好一点？所以珍惜亲情的可贵，是何其重要！

温公的儿子司马康也继承父亲之志，自幼就聪颖过人、勤奋好学，不仅学识渊博，更通晓经史，又以严谨的治学态度和深厚的史学功底，参与了父亲《资治通鉴》的编纂工作。

侍奉父母极其孝顺的他，在母亲去世之后，悲痛至极，三天三夜都滴水不进，哀痛逾恒，完全看到温公的风范。

司马康为人恭敬谨慎，不苟言笑。在路上，人们见到他温文的举止和脱俗的内涵，即使不认识他，也知道他一定是司马光的儿子。

因为深厚的学识与严谨的家风，熏陶了他非凡的气宇。

他能如此优秀，都与父亲的教诲息息相关。

司马温公照耀青史的伟大风范，启发和鼓舞了一代又一代中国人。

人们从他不凡的品操中，体会到了真正的忠诚爱国与骨肉至情，也见到了一位读书人退则独善其身、进则兼善天下的卓绝操守。

希望我们每一个人，都能身体力行，追随这种不朽的精神风范，世世代代绵延不绝、长盛不衰。

智多星

讲一讲

你觉得你是幸福的吗？你觉得怎么样才算是幸福的呢？

七彩板

说一说你的幸福经历，说说你的幸福家庭，让幸福传递下去。

小过——开明宽恕

（艮下震上）䷽

小过[1]：亨，利贞。可[2]小事[3]，不可大事。飞鸟遗[4]之音[5]，不宜上，宜下。大吉。

初六：飞鸟以[6]凶。

六二：过[7]其祖[8]，遇[9]其妣[10]。不及[11]其君，遇其臣。无咎。

九三：弗过，防之。从[12]或戕[13]之。凶。

九四：无咎[14]，弗过遇之。往厉必戒，勿用[15]永贞。

六五：密云不雨，自我西郊。公弋[16]，取彼⑰在穴。

上六：弗遇，过之，飞鸟离之⑱，凶，是谓灾眚。

看看下面的译文，你就知道它是什么意思了！

①小过是本卦的标题。“过”有经过和责备两个意思，全卦的内容主要是讲对批评的看法。标题的“过”字是卦中的多见词。由于前面已有“大过”卦，所以这一卦叫“小过”。

②可：有利于。

③小事：周代祭祀和战争是大事，其他都是小事。

④遗：留下。

⑤音：鸟的叫声。

⑥以：带来。

⑦过：责备，批评。

⑧祖：祖父。

⑨遇：礼遇，“过”的反义词。

⑩妣：祖母。

⑪不及：赶不上，有缺点。

⑫从：用作“纵”，意思是放纵，听任。

⑬戕：伤害。

⑭无咎：这里的意思是没有过错。

⑮勿用：不利于。

⑯弋：射鸟。

⑰彼：这里指代野兽。

⑱离：用作“罗”，意思是网，指捕鸟的网。

小过卦：亨通，吉利的占问。对小事有利，对大事不利。飞鸟经过，叫声还留在耳际。对大人不利，对小人有利。大吉大利。

初六：飞鸟经过，带来凶兆。

六二：祖父可以批评，祖母可以称赞。君王也有缺点，臣子也可以夸奖。没有灾祸。

九三：不要过分指责，但要防止错误发展。倘若放任不管，就是害他。凶险。

九四：没有错误，就不要指责，而要夸奖。日后有出错的危险，一定要防止。不利于占问长久的吉凶。

六五：在我西边郊野上空，阴云密布，雨却没有下来。王公射鸟，却在洞穴抓到野兽。

上六：对没有错的人不表扬，反而批评，像网罗飞鸟，凶险，这就叫灾祸。

博学角

曹操的雅量

张诱曾是曹操的死敌。曹操的儿子和侄子都是死在张诱之手。

但是，曹操觉得张诱有一定的军事才能，因此在官渡战争之前，和他握手言和，重归于好。陈琳曾为袁绍写檄文痛骂曹操。

平定河北后，曹操提到陈琳的时候，虽然当面责备他：“你在檄文中骂我本人就可以了，为什么连我的父亲和祖父都骂了呢？”但是，曹操并没有处分他，反而任用他为自己掌管文书工作。

还有在官渡之战时，曹操把袁绍打败了，缴获的大量战利品中，有不少自己的部下过去写给袁绍的表忠信。

信中的内容大多是贬低曹操，表示希望投袁。有些谋士向曹操提出建议，把这些怀有二心的人抓来统统杀掉，以儆效尤。那些曾想叛曹投袁的将士，则惶惶不可终日。

不料，曹操却下令，把这些信件全部烧掉，不追究任何人的过失。曹操对周围的将士说：“大战在即，敌强我弱，连我亦自身难保，何况属下将士呢？谋个好出路，人之常情也。”这表现出曹操宽大的胸怀。

智多星

读一读

海纳有川，有容乃大；壁立千仞，无欲是刚。

忍一时风平浪静，退一步海阔天空。

责人之心责己，恕己之心恕人。

七彩板

在家里，你会宽容爸妈的失误吗？

在学校，你会宽容同学的小错误吗？

在学习上，你会宽容自己的不足吗？

你是怎么做的呢？

既济——谁能说不济是祸

快乐诵

（离下坎上）䷾

既济[1]：亨，小利贞。初吉终乱[2]。

初九：曳其轮，濡其尾，无咎。

六二：妇丧其茀[3]，勿逐，七日得。

九三：高宗伐鬼方[4]，三年克之，小人勿用。

六四：繻[5]有衣袽[6]，终日戒[7]。

九五：东邻[8]杀牛，不如西邻之礿祭[9]，实受其福。

上六：儒其首，厉。

注译窗

看看下面的译文，你就知道它是什么意思了！

①既济是本卦的标题。既的意思是已经，济的意思是渡水和成功、成就。既济是说事已成功。全卦内容是讲事情成功的道理，与下一卦“未济”构成组卦。标题取“济”的意义。

②乱：变故。

③茀：用作“褕”，意思是头巾。

④高宗：殷国君武丁，曾与周联手攻打北方强敌鬼方。鬼方：殷周时北方的国名，属于严允部落之一。

⑤繻：意思是御寒的衣服。

⑥袽：用作“絮”，指破烂的冬衣。

⑦戒：用作“骇”，意思是惊惧不安。

⑧东邻：指殷人。

⑨西邻：指周人。禴祭：古代祭名，指春祭。

既济卦：亨通，有小吉利的占问。开始吉利，结果会出现变故。

初九：拉车渡河，打湿了车尾。没有灾祸。

六二：妇人丢失了头巾，不用去找，七天内会失而复得。

九三：殷高宗武丁讨伐鬼方国，用了三年才取胜。对小人不利。

六四：冬天穿的寒衣破烂不堪，整天心里惊恐不安。

九五：殷人杀牛祭祀，不如周人春祭，周人确实得到了神的福佑。

上六：过河时打湿了头部，危险。

博学角

亡羊补牢

这则故事出自“战国策”。

战国时代，楚国有一个大臣，名叫庄辛，有一天对楚襄王说：“你在宫里面的时候，左边是州侯，右边是夏侯；出去的时候，鄢陵君与寿跟君又总是随着你。你和这四个人专门讲究奢侈淫乐，不管国家大事，郢（楚都，在今湖北省江陵县北）一定要危险啦！”

襄王听了，很不高兴，骂道：“你老糊涂了吗？故意说这些险恶的话惑乱人心吗？”庄辛不慌不忙地回答说：“我实在感觉事情一定要到这个地步的，不敢故意说楚国有什么不幸。如果你一直宠信这些人，楚国一定要灭亡的。你既然不信我的话，请允许我到赵国躲一躲，看事情究竟会怎样。”

庄辛到赵国才住了五个月，秦国果然派兵侵楚，襄王被迫流亡到阳城（今河南息县西北），这才觉得庄辛的话不错，赶紧派人把庄辛找回来，问他有什么办法。庄辛很诚恳地说："我听说过，看见兔子牙想起猎犬，还不晚；羊跑掉了才补羊圈，也还不迟……"

这则故事说明，只知道享乐，不知道如何做事，其结果必然是遭到悲惨的失败。

"亡羊补牢"这句成语，便是根据上面的两句话而来的，表达处理事情发生错误以后，如果赶紧去挽救，还不为迟的意思。

智多星

读一读

人无远虑，必有近忧。

祸兮，福之所倚；

福兮，祸之所伏。

塞翁失马，焉知非福。

过而不改，是谓过矣。

七彩板

“人非至贤，孰能无过？”关键不在于过，而在于能否改过，保证今后不再犯同样的错误。

在学习和生活中，你肯定也犯过错误，你是怎么做的呢？

未济——谁能说既济是福

快乐诵

（坎下离上）䷿

未济[1]：亨。小狐汔[2]济[3]，濡其尾，无攸利。

初六：儒其尾，吝。

九二：曳其轮，贞吉。

六三：未济征凶，利涉大川。

九四：贞吉，悔亡。震④用伐鬼方，三年有赏于大国[5]。

六五：贞吉，无悔。君子之光[6]，有孚，吉。

上九：有孚于饮酒，无咎。濡其首，有孚，失是[7]。

注译窗

看看下面的译文，你就知道它是什么意思了！

①未济是本卦的标题。未济的意思与既济相反，全卦接着申说上一卦的道理，仍以“济”的意思作标题。

②汔：用作“几”，意思是将要。

③济：渡水。

④震：动。

⑤大国：这里指殷。

⑥光：光荣，荣耀。

⑦是：用作“题”，意思是额部，这里代指头部。

未济卦：亨通。小狐狸将要渡过河，打湿了尾巴。没有什么吉利。

初六：打湿了尾部，倒霉。

九二：拉车渡河，占得吉兆。

六三：渡不了河。出行，凶险。有利于渡过大江大河。

九四：占得吉兆，没有悔恨。周人动员出征，讨伐鬼方，三年取胜，得到大国殷的赏赐。

六五：占得吉兆，没有悔恨。打胜仗，抓俘虏，是君子的荣耀。吉利。

上九：抓到俘虏，饮酒庆功。没有灾祸。打湿了头部，抓到俘虏，砍下他们的头。

博学角

张孝基还财

明朝弘志年间排印的《厚德录》上，记载了这样一个诚信的故事。

许昌这个地方有一个读书人，名字叫张孝基，同乡的一个有钱人见张孝基为人正直诚实，就决定把女儿许配给他做妻子。

于是张孝基就和富人的女儿结婚了。

那个富人有一个儿子，但是儿子品行不端，经常赌博，还时常出入城里的酒楼和妓院，挥霍家里的钱财，败坏家里的名声。

富人用尽了办法，还是不能使儿子悔改，后来把儿子赶出了家门，和他断绝了父子关系。

富人后来得了重病，张孝基和妻子尽心照料他，给他请医生买药熬药，可就是不见好转。

有一天，富人把张孝基叫到床前，对他说：“我这人命苦，虽然有万贯家财，可是我儿子不争气，我不得不另找一个财产继承人。我暗中观察你很多年，觉得你人品不错，就决定把这个家托付给你。我怕是活不了几天了，今天我就把家里的事交待一下，死也就安心了。”

于是，他让管家拿出账本和家里的金银财宝，一样一样讲给张孝基听。

张孝基一一记下，还答应一定帮他管好家里的事。过了些口了，富人真的死了。

张孝基遵照老人的嘱咐，把家里的事情管理得井井有条。

很多年以后，张孝基去城里办事，看见一个乞丐正跪在马路边要饭，仔细一看，原来是富人的儿子。于是就走上前问：“你能浇灌菜园吗？”

富人的儿子回答：“如果浇灌菜园能让我吃饱的

话，我愿意。”

于是张孝基就把他带回家，让他吃了一顿饱饭，然后就让菜农教他灌溉菜园子。

富人的儿子很认真地学，不久就已经做得很好了。

张孝基觉得富人的儿子正在一点一点变好，想给他一些新的工作，就问他：“你能管理仓库吗？”

富人的儿子说：“能够浇灌菜园子，我已经很满足了，这是我第一次靠自己的劳动吃饭。如果能管理仓库，我是多么幸运呀！”

此后，富人的儿子很认真地管理仓库，半年时间里从没出过任何差错。

于是张孝基就教他管家里的账目，富人的儿子不久也学会了。

张孝基觉得富人的儿子已经能够独立管理家里的一切事物了。

有一天，张孝基对富人的儿子说：“你父亲临死的时候，托付我帮他管理家里的田产、财物，现在你回来了，也学会独立做事了，我想我该把这个家还给你了。”

富人的儿子接管了家里的事以后，勤俭持家，还经常帮助村里的穷人，成为乡里的一个好人。

智多星

读一读

高价买诚实，永远也值得。

人之真诚或虚伪，不能隐蔽。

欺诈可能有用，诚实却是上策。

说真话的人，才算忠诚。

七彩板

你是一个诚实的孩子吗？说说你对诚实的理解与认识！